I0471092

Des archives à l'archive

(l'archivage comme processus de création artistique)

Philippe Monfouga

Table des matières

Introduction

Le besoin de conserver des traces des événements qui surviennent dans notre existence nous pousse à accumuler au fil du temps des objets de toutes sortes. Ces objets de mémoires, qui s'entassent et finalement se perdent dans nos intérieurs, sont les composants de nos archives personnelles. Ce terme d'archives paraît poussiéreux, on pense à un amas sans forme d'objets divers entassés sans intentionnalité. C'est souvent la forme qu'elles revêtent lorsque dénuées de tout classement, elles sont le résultat d'un entassement, d'une accumulation sans tri, sans index permettant de s'y retrouver.

Les artistes qui s'intéressent aux archives pour et dans leurs pratiques artistiques s'efforcent donc de trier, de classer, de créer des index, d'ordonner ou de construire des liens dans cette mémoire composée de fragments afin de pouvoir y accéder, d'extraire de ces archives un ou plusieurs fragments.

Les archives sont définies comme étant des collections d'objets ou de documents anciens (Archives : du latin archivum, du grec arkheion « ce qui est ancien »), mais le terme archives désigne aussi le lieu où sont conservées les archives, c'est à la fois le contenu et le contenant. « Point d'archive sans un lieu de consignation, sans une technique de répétition et sans une certaine extériorité. Nulle archive sans dehors »[1]. Derrida ajoute une signification importante au terme d'archives en rappelant que Arkhe en grec signifie aussi le « commencement et le commandement », les archontes étaient des magistrats gouverneurs des républiques grecques et les dépositaires des documents légaux sur lesquels ils appuyaient leur pouvoir. Ainsi les archives deviennent sources de pouvoir en apportant les connaissances et la loi. « Les archives sont constituées par l'ensemble des documents qui résultent de l'activité d'une institution ou d'une personne physique ou morale[2]. »

Ce n'est que depuis 1979, qu'une définition juridique des archives en France est donnée : c'est « l'ensemble des documents, quels que soient leurs date, leur forme et leur support matériel, produits et reçus par toute personne physique ou morale, et par tout service ou organisme public ou privé, dans l'exercice de leur activité[3]. »

« je me demandais quel était le moment

---

[1] Jacques Derrida, *Mal d'archive*, Galilée, Paris, 1995, p.26.

[2] Universalis 8, cd-rom 2002.

propre de l'archive, s'il y en a un, l'instant de l'archivation *stricto sensu*, ... N'était-ce pas cet instant où, ayant écrit ceci ou cela sur l'écran, les lettres restant comme suspendues et flottant encore à la surface d'un élément liquide, j'appuyais sur une certaine touche pour enregistrer, pour « sauver » (save) un texte indemne, de façon dure et durable, pour mettre des marques à l'abri de l'effacement, afin d'assurer ainsi salut et indemnité, de stocker, d'accumuler et, ce qui est à la fois la même chose et autre chose, de rendre ainsi la phrase disponible à l'impression et la réimpression, à la reproduction[4]? »

Avec l'informatique et les avancées du multimédia, l'archivage devient une pratique de plus en plus répandue notamment sur le web avec de grands projets d'archivage comme le « projet Gutemberg » ou celui de « Web-archive » qui enregistre des millions de page HTML afin de sauvegarder une « image » du web à telle date. Cette obsession de l'archivage naît du besoin de conserver une mémoire qui fluctue au jour le jour et les ordinateurs avec leur capacité d'enregistrement toujours plus importante sont une réponse à ce besoin. La création

---

[3]Loi du 3 janvier 1979 relative aux archives (article 1er).

[4]Jacques Derrida, *Mal d'archive*, Galilée, Paris, 1995, p.46.

d'index, de tables permet d'organiser les archives afin de les rendre accessibles. Avec les documents matériels il n'y a pas transformation majeure des composants de l'archive, les archives peuvent être augmentées ou diminuées mais les objets qu'elles contiennent ont une certaine stabilité qui est remise en cause avec une pratique d'archivage sur le net où chaque document enregistré peut être aisément modifié.

De même la présentation d'archives matérielles est difficilement modifiable, suivant la quantité de documents archivés, cela suppose des efforts de manutention importants qui conduisent le plus souvent à les laisser en l'état ou à modifier des dispositions internes de manière progressives. Imaginons que l'on souhaite réorganiser toutes les archives de la Bibliothèque Nationale, cela prendrait des années. En revanche les archives numériques permettent quant à elles une automatisation des taches de réorganisation à l'aide de l'informatique.

Nombreux sont les artistes qui utilisent l'archive dans leur travail, les archives font référence à la mémoire, à la trace laissée, j'utilise pour l'instant le terme d'archive au singulier et d'archives au pluriel de manière indifférenciée, les deux notions étant liées, il conviendra cependant plus avant dans ce développement de distinguer ces deux termes.

Dans un premier temps nous nous efforcerons d'extraire des notions qui leur sont communes, puis nous envisagerons diverses manières de présenter ou de représenter les archives ou l'archive et enfin après avoir distingué quelques notions très proches nous tenterons une définition de l'archive comme système.

Les composants de l'archive

L'archive comporte en elle diverses composantes qu'il convient d'étudier. Ainsi l'archive fait appel aux notions de fragments et de mémoire, ces notions qui offrent des points de convergence avec l'informatique. D'autre part, les archives, pour pouvoir être consultées doivent être classées et donc indexées afin de pouvoir être facilement retrouvées et cela que les documents qui composent les archives soient des documents matériels ou bien des informations stockées dans une base de données. L'indexation de documents n'est pas une spécificité de l'informatique, les archivistes se penchent depuis longtemps sur ce problème, les bibliothèques ont toutes un système d'indexation qui permet de retrouver un livre en fonction d'un certain nombre de critères. L'utilisation de l'ordinateur comme outil d'indexation apporte comme nous verrons plus loin une automatisation des taches permettant de traiter un très grand nombre de documents rapidement, alors qu'une indexation manuelle serait pratiquement impossible à réaliser.

I.1. Fragments

Les archives sont composées de multiples fragments juxtaposés les uns aux autres. « En sa totalité, l'archive n'est pas descriptible; et elle est incontournable en son actualité. Elle se donne par fragments, régions et niveaux, d'autant mieux sans doute et avec d'autant plus de netteté que le temps nous en sépare : à la limite, n'était la rareté des documents, le plus grand recul chronologique serait nécessaire pour l'analyser. »[5]

Les fragments sont des divisions d'un tout, un fragment d'objet suppose cet objet dans sa totalité. A partir d'un fragment, on peut reconstituer une totalité. Le fragment est un fait de connaissance, il est ce à partir de quoi on débute toute recherche[6] et il en est aussi le résultat[7] dans la mesure où toute

---

[5] Michel Foucault, *L'archéologie du savoir*, Ed. Gallimard, Paris, 1969/2002, p.171.

[6] lorsque Roland Barthes reçoit la commande d'un *Roland Barthes par lui-même*, il rédige une sorte de glossaire comme point de départ de son écrit, voir à ce sujet le catalogue *R/B Roland Barthes*, Paris, Ed. Seuil/Centre Pompidou, 2002.

[7] Roland Barthes, *Roland Barthes par Roland Barthes,*

connaissance n'est que fragmentaire. Le fragment est aussi une énigme, le point de départ de toute enquête, c'est à partir d'un fragment que tout détective de roman policier recherche l'auteur d'un crime.

La démarche inverse de celle qui conduit du fragment à une totalité peut être entreprise à des fins d'analyses et de recherches scientifiques. Ainsi les généticiens fragmentent l'ADN afin d'en isoler les composants, de le réduire à ses quatre éléments fondamentaux et de rechercher les propriétés qui résultent de la modification de l'emplacement de ceux-ci.

Le fragment est intimement lié à l'humanité et à son histoire, histoire qui n'est racontée que grâce à un montage de fragments, dont justement on a voulu briser l'interruption par le récit. Chaque document est un fragment d'une réalité qui joint à d'autres fragments fonde un savoir qui demeure parcellaire, et qui sera alimenté à son tour par d'autres fragments .

Il est aussi ce qu'il reste d'un accident, d'une interruption, lorsqu'un objet tombe et se casse, il n'en reste que les fragments, de même une grande partie de la littérature antique n'est parvenue jusqu'à nous que sous forme de fragments. Ce sont des éléments de mémoire.

Ed. Le Seuil, Paris, 1975/1995.

Certaines œuvres sont fragmentaires par définition. L'œuvre fragmentaire type est le dictionnaire. Un dictionnaire de langue courant est composé de 50 ou 60 000 entrées qui sont autant de fragments prélevés sur la langue et qui peuvent établir entre eux des relations nécessaires ou aléatoires. Leur ensemble ne constitue pas la langue mais il en figure la possibilité. On peut ajouter des fragments à volonté comme on peut en supprimer. Cette figure fragmentaire qu'est le dictionnaire se fonde elle-même sur une fragmentation donnée, irrémédiable, qu'est celle de l'alphabet. L'écriture alphabétique n'est jamais que la mise en mouvement ordonnée de signes qui en eux-mêmes n'ont pas de signification (en occident du moins, il n'en va pas de même en Asie où un caractère peut avoir sa propre signification, comme les caractères Kanji, par exemple).

L'encyclopédie aussi est constituée de fragments de savoir, mais ses entrées visent une totalité dans les articles qui la composent. Des renvois et des index permettent de circuler de fragment en fragment, construisant ainsi l'image d'une totalité jamais réalisée mais toujours en vue. Ainsi, l'ensemble des fragments soumis à l'ordre alphabétique vise tout à la fois ce qu'il n'est pas, une totalité qui fait sens, et masque ce qu'il est, une juxtaposition d'éléments *discrets*.

Ainsi, une bibliothèque reproduit la figure fragmentaire de l'encyclopédie en juxtaposant un ensemble d'ouvrages classés de manière alphabétique ou thématique. La bibliothèque de Babel n'est après tout qu'une visée de totalité en réunissant tous les fragments de la connaissance humaine.

De nombreuses œuvres de l'esprit sont fragmentées dans leur conception et notamment la forme du journal intime, qui bien que visant une totalité dans la continuité d'une existence dont l'auteur souhaite conserver la mémoire et l'unité, se découpe en récits journaliers, fragments d'une existence, eux-mêmes composés par les fragments d'un souvenir ou d'une mémoire quotidienne réinventée au moment de l'écriture au gré de sensations et de pensées nouvelles, d'interrogations sur un « je ». Assujetti aux jours, le diariste ne peut jamais atteindre une totalité, son agenda est comme un reliquaire.

Quant à la biographie ou à l'autobiographie, qui de toutes les formes de discours semblent les plus liées à la continuité de la narration, elles ne sont en fin de compte qu'un montage de fragments biographiques qui marquent les étapes d'une vie. Les fragments biographiques qui composent la biographie ou l'autobiographie sont les événements, « ce qui arrive » dirait Virillio. Le projet biographique vise à assembler ces fragments en récits, mais celui-ci doit pouvoir accepter sa nature fragmentaire, dans le cas contraire l'œuvre ne pourrait pas résister aux fragments qui lui échappent, les fragments vides ou manquants, ceux que la mémoire a oubliés. C'est encore l'autoportrait, à la manière de Barthes dans *Roland Barthes par Roland Barthes*[8], qui réalise le mieux le sens du fragment.

C'est par un petit album de photographies de famille accompagnées de commentaires que débute le livre de Barthes. Cette partie intitulée images comprend des photographies de sa mère puis des autres membres de sa famille, des maisons et jardins de son enfance et enfin de lui-même, du plus jeune âge à l'intervenant distingué. On pourrait imaginer que le livre s'apparente à une autobiographie, mais en fait le retour historique cesse dès que le texte débute. Déjà ses images annotées étaient fragments dans la façon de les disposer sans ordre chronologique, comme des relents de mémoires. « Tout ceci doit être considéré comme dit par un personnage de roman »[9] dit-il en prologue à son ouvrage. Ceci lui permet de dire « il, vous » ou de se désigner par ses initiales R.B. à la place du « je ».

C'est donc un personnage fictif, un personnage

---

[8] *Ibid.*

[9] *Ibid.*, p.5.

de roman qui s'interroge, commente, critique, se souvient, analyse et juge, tout au long d'un ouvrage en forme de journal à la frontière entre autoportrait et autobiographie, plus proche de l'autoportrait toutefois car la faible narration y est trop fragmentée pour être rassemblée. Pour restituer cette succession rapide d'idées, de souvenirs, un texte classique avec un début et une fin n'était pas adéquat. Barthes a donc recours au procédé du fragment. «Peut-être, par endroits, certains fragments ont l'air de se suivre par affinité ; mais l'important, c'est qu'ils ne glissent pas à un seul et grand réseau qui serait la structure du livre, son sens .»[10] Roland Barthes par Roland Barthes s'organise ainsi en une suite de textes brefs précédés d'un titre (ce qui permet de les ranger plus ou moins par ordre alphabétique) et très diverses dans leurs contenus. « Les fragments sont alors des pierres sur le pourtour du cercle : je m'étale en rond : tout mon petit univers en miettes ; au centre, quoi ? [11]». L'écriture fragmentaire permet non seulement le déplacement de la figure mais son creusement, son échappée, ses échappatoires, et sa disparition. Barthes pratique le fragment « parce que l'incohérence

---

[10] *Ibid.*, p.131.

[11] *Ibid.*, p.89.

est préférable à l'ordre qui déforme »[12]. En multipliant les débuts et en évitant les derniers mots, l'autoportraitiste dispose des moments intercalés, des « intermezzos », mais « entre quoi et quoi ? »[13] (ibid.). Cet entre est l'objet même de son interrogation, dont il espère qu'il restera incomblé. Il a ainsi « l'illusion de croire qu'en brisant [son] discours, [il] cesse de discourir imaginairement » sur lui-même ; « mais comme le fragment (le haïku, la maxime, la pensée, le bout de journal) est finalement un genre rhétorique et que la rhétorique est cette couche-là du langage qui s'offre le mieux à l'interprétation, en croyant [se] disperser », il ne fait que « regagner sagement le lit de l'imaginaire[14] ».

La fragmentation ne porte donc pas seulement sur la forme mais sur la relation au monde où elle s'institue comme coupure, écart, donc comme spiritualité, intelligence ou délivrance. Mais cette coupure elle-même désigne une relation tout à la fois au langage et à l'univers. Chaque fragment représente ainsi une totalité séparée et une partie où se recueille le tout. Barthes fait souvent référence au haïku

---

[12] *Ibid.*

[13] *Ibid.*

[14] *Ibid.*

japonais pour exprimer le fragment en considérant que le haïku dans sa brièveté n'est pas une pensée riche réduite à une forme brève mais un événement bref qui trouve d'un seul coup sa forme juste, dépourvu de centre comme de sujet, le haïku laisse de côté l'ego en offrant la possibilité d'un énoncé sans « je » (notamment parce que la langue japonaise n'a pas besoin de dire « je », ce qui ne signifie pas une absence totale du « sujet »).

Si son œuvre traite du fragment, c'est peut-être parce que son écriture démarre avec des fragments, des milliers de fragments qu'il assemble. « Dans les loges de l'œuvre de Roland Barthes, attendant la conjonction, 12250 morceaux de textes ont été rédigés par lui sur des fiches de format un quart de papier standard[15] ». Chaque jour, il puise dans son fichier, renomme des fiches, en crée d'autres, en supprime. Ses fiches sont ses fragments, sa mémoire, ses souvenirs qu'il actualise à chaque nouveau livre. Son fichier constitue son archive, à la fois comme trace et mémoire et comme ensemble d'énoncés.

Classé par ordre alphabétique, l'ensemble de ses fiches contient tous ses livres potentiellement et virtuellement. Il attend

---

[15] Nathalie Léger, « immensément et en détail », in *R/B Roland Barthes*, Ed. Seuil/Centre Pompidou, Paris, 2002, p.91.

alors « que ça prenne », il n'a plus qu'à procéder par collage, suppression et ajout de la même manière que nous utilisons le copier/coller de nos traitements de textes. Désormais inerte, « le fichier n'est pas le livre à venir [...] que quelque milliers de fiches inédites viendraient reconstituer.[...]Le fichier est plus sûrement l'archéologie d'un procédé[...][16] ».

Le collage tel que l'ont pratiqué les cubistes en introduisant dans leurs tableaux des fragments prélevés sur le réel (timbres-poste, morceaux de journal, boîtes d'allumettes, publicités), le poème dadaïste, certains jeux surréalistes comme les cadavres exquis, les textes de Brecht ou de Breton (écriture automatique) visent chacun à *déterritorialiser* (selon le mot de Gilles Deleuze), à briser les représentations connues, en même temps qu'ils tendent à figurer le lieu commun, le non-individuel, la mise entre parenthèses de l'auteur par une fragmentation du sens.

Même le récit, qui tente d'éviter l'interruption, est assemblage de fragments, le cinéma composé de séquences, de montage de fragments est lui-même un récit fragmenté. Peut-être que *sans-soleil* de Chris Marker est l'exemple le plus apte à exprimer le fragment cinématographique. Ce film ne raconte pas une histoire mais des anecdotes. Du japon à la

---

[16]*Ibid*.

Guinée-Bissau en passant par les Iles du Cap-Vert, Chris Marker suit les lettres d'un cameraman fictif, prétexte au collage d'images, de situations, d'anecdotes. Le montage cinématographique n'est-il pas dans sa forme technique première un collage ? L'utilisation de techniques sur ordinateur pourrait nous le faire oublier, mais le montage d'un film n'est rien d'autre que la mise bout à bout de morceaux de pellicules que l'on colle les uns aux autres. Le cinéma de Marker nous rappelle ces collages : une photographie collée à des images de volcans prises par Haroun Taziev, des mots, qu'un narrateur égraine, collés sur les images. Dans un registre cinématographique différent, Michael Moore procède lui aussi par collage pour réaliser ses documentaires. Dans *the big one* ou *Bowling for Columbine*, il assemble ses images avec des extraits de dessins animés, des reportages de télévision afin de construire un discours. Ces fragments hétérogènes permettent l'avancée du discours.

La notion de fragment semble être fondamentale en ce qui concerne les œuvres numériques, en effet si on revient à la manière dont est enregistrée l'information par un ordinateur, c'est à dire en binaire, on voit bien que fondamentalement, l'information est fragmentée, constituée de 0 et de 1. Lorsqu'une capture du réel est effectuée à partir de n'importe quel capteur, l'information analogique est traduite en fragments numériques pour être recomposée par la suite.

I.2. Mémoire

Les archives sont enregistrements, traces laissées dans la mémoire. Au contraire d'une œuvre classique, l'œuvre numérique n'est pas matérielle[17], « L'homme, par la médiation de l'art, s'est toujours appliqué à laisser sa trace dans la matière, pour marquer par ce geste symbolique son identité dans cette mémoire qu'elle constitue. Il l'a fait hier sur la paroi des cavernes, puis en utilisant différents supports : la pierre, le marbre, le bois, la toile du peintre… Cette trace s'inscrit toujours par rapport à un milieu donné dont elle constitue aussi un témoignage, une mémoire. »[18] Internet est aussi une mémoire, mais une mémoire qui n'est pas figée comme la trace laissée dans la matière. La mémoire, la trace laissée sur Internet est en mouvement, elle se renouvelle sans cesse. Elle se déplace de sites en sites, d'ordinateurs en ordinateurs, elle interagit avec ses différents utilisateurs. Elle grandit au fil du temps, se remplit sans limite apparente. La mémoire d'Internet est plus

---

[17] Ce qui ne veut pas dire qu'elle est immatérielle, elle demeure enregistrée sur un support matériel.

[18] Fred Forest, *Pour un art actuel*, L'Harmattan, Paris, 1999, p. 180.

proche de notre propre fonctionnement. Notre mémoire n'est pas figée, elle se modifie avec le temps et les interactions du monde extérieur. A l'image de la mémoire humaine, Internet fonctionne en rhizome, chaque parcelle de mémoire est reliée à une autre parcelle, toutes les parcelles de mémoires sont reliées à toutes les autres à la fois.

Sur Internet, à chaque instant, de nouveaux sites, de nouvelles pages, sont créés ou effacés, de même « [...], l'enregistrement, par la mémoire, de faits et d'images uniques en leur genre se poursuit à tous les moments de la durée. »[19]. Les images que notre mémoire « spontanée » enregistre « paraissent et disparaissent d'ordinaire indépendamment de notre volonté »[20]. On peut faire l'analogie entre la « mémoire spontanée » décrite par Bergson et le réseau Internet. Dans le cas du réseau, ces disparitions - apparitions de pages Web ne sont pas effectuées involontairement, toutefois lorsqu'on se place du côté de l'utilisateur, ces disparitions - apparitions ont lieu indépendamment de sa volonté et le place dans une situation d'impuissance comparable à celle que nous éprouvons quand nous sommes à la recherche d'un souvenir perdu,

---

[19] Henri Bergson, *Matière et mémoire*, Ed. PUF (6ème édition), Paris, 1999, p. 88.

[20] *Ibid.*, p. 90.

celui-ci étant traduit par le réseau en « erreur 404 [21]». L'utilisateur se retrouve donc face à une mémoire gigantesque en perpétuel mouvement.

« C'est dans le passé que nous nous plaçons d'emblée. Nous partons d'un « état virtuel », que nous conduisons peu à peu, à travers une série de plans de conscience différents, jusqu'au terme où il se matérialise dans une perception actuelle, c'est à dire jusqu'au point où il devient un état présent et agissant, c'est à dire enfin jusqu'à ce plan extrême de notre conscience où se dessine notre corps. Dans cet état virtuel consiste le souvenir pur. »[22] De la même manière que nous appelons nos souvenirs en leur donnant une prise sur le présent nous appelons les pages Internet par des liens, nous parcourons le site comme nous parcourons notre mémoire, de l'état virtuel où se trouvent les pages nous les actualisons et les rendons présentes. Parfois nous tombons sur des « liens vides » comme nous tombons dans des souvenirs perdus ou des trous de mémoire.

Internet semble fonctionner suivant le même modèle que notre propre mémoire. En effet, si

---

[21]L' « erreur 404 » est celle que produit un serveur Web lorsqu'il ne trouve pas la page à afficher.

[22] Henri Bergson, *Matière et mémoire*, Ed. PUF (6ème édition), Paris, 1999, p. 270.

on considère que « notre présent est ce qui agit sur nous et ce qui nous fait agir, et que notre passé est au contraire ce qui n'agit plus, mais pourrait agir en s'insérant dans une sensation présente dont il empruntera la vitalité. Il est vrai qu'au moment où le souvenir s'actualise ainsi en agissant, il cesse d'être souvenir, il redevient perception. »[23], alors on retrouve le mouvement entre virtuel et actuel, la mémoire nous place du coté du virtuel tandis que le présent nous place du coté de l'actuel.

La mémoire semble être la quête permanente de l'informatique. Depuis les premiers ordinateurs jusqu'aux ordinateurs d'aujourd'hui, leur mémoire n'a cessé d'augmenter. On stocke de plus en plus d'information sur des supports de plus en plus petit. Alors qu'un ordinateur prenait la place d'un immeuble à ses débuts pour n'effectuer que des opérations basiques, la moindre petite calculatrice ou carte de crédit dispose actuellement de toujours plus de mémoire. Cette progression technique engendre l'archivage d'informations de tout type dans un mouvement croissant avec une progression exponentielle. La capacité de mémoire du réseau augmente minute après minute et semble ne pas avoir de limite. Tout ceci nous pousse naturellement à l'archivage.

---

[23] *Ibid.*

L'archivage n'est plus limité par la place de mémoire disponible, ainsi le réseau étant constitué de millions d'ordinateurs connectés les uns aux autres, nul n'est besoin de centraliser l'information, ni même de centraliser les lieux de saisie ou d'enregistrement de l'information.

Le problème qui survient alors n'est plus d'archiver mais de s'y retrouver dans cette masse d'informations qui si elle n'est pas organisée devient inaccessible. L'augmentation exponentielle de la capacité mémorielle des ordinateur et du réseau internet semble vouloir contredire Derrida quand il dit qu'« Il n'y a pas d'archives sans destruction, on choisit, on ne peut pas tout garder. Là où on garderait tout, il n'y aurait pas d'archives.[24] », garder tout, c'est en tout cas ce que tente de faire le groupe archive.org qui scrute Internet afin de réaliser une « image » du Web à une date donnée et d'archiver ainsi les différentes versions des sites web. Cette tentative de saisir une image du web reste cependant irréalisable tant le réseau est mouvant. Trop de pages apparaissent et disparaissent chaque jour pour que le programme chargé de faire la sauvegarde puisse tout enregistrer. Et quand bien même il réussirait, que faire d'une telle

---

[24]Jacques Derrida : *Trace et archive, image et art* – 25/06/2002 conférence à l'INA, Jacques Derrida - "Trace et archive, image et art", Ed : INA, 2002.

masse d'informations? Il est déjà difficile de retrouver des informations dans l'état actuel du réseau. C'est pourquoi des projets plus réalistes d'archivage sélectif du Web commencent à être étudiés. L'accumulation sans choix et donc sans destruction de documents ne pourrait donc bien mener qu'à la non-existence d'archives. De même l'accumulation de d'une telle masse d'information sans moyen d'en retrouver des éléments rendrait cette information indisponible et donc inutile. Il est donc nécessaire de trouver des moyens de retrouver l'information l'adéquate au moment où l'on en a besoin.

I.3. Indexation

L'indexation consiste à identifier dans un document certains éléments significatifs qui serviront de clés pour retrouver ce document au sein d'une collection. Pour ce qui concerne les livres, ces éléments comprennent par exemple le nom de l'auteur, le titre de l'ouvrage, le nom de l'éditeur, la date de publication et l'intitulé du sujet traité. Des règles d'usage régissent le choix et la forme des noms, les listes de vedettes matières, les plans de classification et d'analyse documentaire. La programmation et l'impression des index par ordinateur ont accru l'importance de ces codes. La complexité des documents modernes et la variété des formes sous lesquelles ils se présentent exigent qu'on aborde de façon systématique la construction des index et leur emploi.

Étymologiquement, indexer signifie « montrer du doigt » quelque chose qu'on veut identifier à telle ou telle fin. À l'époque moderne, on désigne par ce mot l'action d'isoler tel ou tel aspect significatif d'un document[25], quelle qu'en soit la nature, de façon que cet aspect ou ces aspects servent de clés quand on aura besoin, plus tard, de le rechercher au sein d'une mémoire. Pendant plusieurs siècles, cela s'est appliqué aux livres ; l'auteur ou l'éditeur faisaient souvent suivre leur texte d'un index, et les bibliothécaires fournissaient des clés sous forme de listes ou de catalogues indiquant ce que contenaient leurs collections.

Notre société a vu se développer l'usage de beaucoup d'autres types de documents, tels que le film sous ses différentes formes, les bandes audio et vidéo, les bandes et disques utilisés comme mémoire dans un ordinateur. Tous ces documents contiennent de l'information, qu'il convient d'étiqueter clairement afin que ceux qui désirent la consulter puissent y accéder aisément.

On caractérise le plus clairement et le plus évidemment un texte par le nom de l'auteur (ou des auteurs). Si, pour certaines œuvres anciennes, ce nom n'est pas toujours facile à déterminer, en général, pour la plupart des documents récents, il constitue le premier élément d'information, car il est tout particulièrement commode à identifier. En

---

[25] J' utilise ici le terme document de manière générique sans lui attribuer de valeur particulière, ce peut être du texte, des images, de la vidéo, du son, n'importe quel objet physique, etc.

effet, la page de titre d'un livre donne le nom de l'auteur, nom sous lequel celui-ci veut se faire connaître. Cela est vrai même lorsqu'un document n'est pas l'œuvre d'une seule personne, mais d'une collectivité, une université ou une société de droit privé par exemple. Le titre que l'auteur donne à son œuvre présente les mêmes spécificités.

La date et le lieu de publication, l'édition, le nombre de pages, la présence de cartes, de plans, de tables et d'illustrations sont des éléments importants qui aident à identifier un document de type livre ou lié à l'édition. Toutes ces caractéristiques sont faciles à déterminer, et l'ensemble du processus porte le nom de catalogage. La disposition des entrées au sein d'un fichier auteurs-titres est relativement simple : noms propres et mots se suivent par ordre alphabétique. Beaucoup de bibliothèques nationales, dont la Bibliothèque Nationale de France, ont publié des catalogues de leurs collections suivant l'ordre alphabétique des noms d'auteurs, et Les Livres disponibles, le catalogue des livres français disponibles chez les éditeurs, comporte une partie alphabétique par auteurs et une autre par titres.

Le problème de savoir comment choisir l'indexation matières d'un document est beaucoup plus complexe ; en général, le titre ne fait guère plus que mettre en relief un ou deux mots importants. On pourrait croire qu'un auteur est le mieux placé pour concevoir l'index matières de son propre livre, mais les éditeurs préfèrent souvent confier la préparation de l'index à des indexeurs professionnels qui connaissent parfaitement la théorie et la pratique de l'indexation matières et de l'analyse documentaire ou de la classification.

La classification figure depuis longtemps parmi les outils fondamentaux de la méthode scientifique. Ainsi, pour ordonner de façon systématique l'ensemble des collections d'une bibliothèque, il faut comprendre, en théorie et en pratique, comment sont structurées les connaissances humaines et comment il convient de grouper les documents afin de montrer les relations qu'il y a entre leurs sujets, ce qui aide le lecteur à mieux comprendre le classement et à mieux utiliser la collection. Les experts se penchent depuis plusieurs siècles sur ces activités complexes que sont le catalogage et la classification. Ils ont élaboré un grand nombre de systèmes, de règles et de codes afin de décrire les objets de leur classement.

L'utilisation de l'informatique comme moyen de stockage de l'information a modifié les techniques de classements des documents. Premièrement parce que tout document numérique possède un nom. Il est en effet impossible d'enregistrer un document dans l'ordinateur sans le nommer, et si nous ne le nommons pas, c'est l'ordinateur qui le fera à notre place afin de mettre de l'ordre[26] dans les informations qu'il contient et de leur assigner une adresse dans sa mémoire. D'autre part, en plus du nom nécessaire à son enregistrement, un document numérique contient le plus souvent un certain nombre de méta-informations, c'est à dire de l'information sur l'information. Des photographies numériques contiennent par exemple, en plus de l'image, la date de la prise de vue, la taille de l'image, la durée d'exposition, la focale, la marque et le modèle de l'appareil photo, etc. L'informatique apporte ainsi un ensemble de systèmes permettant une auto-indexation des documents. L'industrie et les chercheurs en informatique doivent répondre à l'augmentation exponentielle de données afin de pouvoir encore s'y retrouver dans cette masse d'information qui pour rester disponible doit être structurée. A ces systèmes d'auto-indexation s'adjoint la possibilité d'ajouter des méta-informations supplémentaires et

---

[26]On peut remarquer que la langue française a choisie le mot « ordinateur » en se basant sur la racine « ordonner » contrairement à la langue anglaise qui préfère parler de « computer », mot fondé sur le verbe « compute » qui signifie « calculer ».

d'enregistrer des documents dans des bases de données à partir desquelles on peut trier les index ou les sélectionner et en extraire cette sélection grâce à des moteurs de recherche. Ainsi les nouveaux formats de fichiers numériques qui sont développés actuellement contiennent toujours plus d'information sur l'information. L'EXIF[27] par exemple est un format caché dans les photos numériques, qui contient un nombre variable d'informations sur chacune de vos photos numériques, le XML[28] nouveau format destiné à se substituer au HTML ne contient en lui-même plus que des informations, la mise en page est effectuée par une feuille de style indépendante, le MPEG-7 pour la vidéo offre en plus de la compression vidéo habituelle la possibilité de joindre aux séquences vidéos des descriptions sémantiques incluses dans le fichier lui-même, ce qui permet par exemple de chercher avec précision « la scène où Bill Murray se cogne la tête dans la douche de son hotel à Tokyo dans Lost in translation. » Ce type de requête par l'intermédiaire d'un moteur de recherche était pratiquement irréalisable à moins que quelqu'un se soit donné la peine de saisir toutes ces informations dans une base de données

---

[27]EXIF est l'abréviation d'EXchangeable Image File.

[28]XML est l'abréviation de eXtensible Markup Langage.

extérieures au document audiovisuel.

Il n'en reste pas moins vrai que les indexations automatiques sont encore à un niveau assez bas et si les appareils photos numériques enregistrent des informations dans l'image, ces informations ne disent encore rien sur l'image elle-même, est-ce une voiture, un poireau? Des artistes comme George Legrady utilisent ces informations sur l'information. Dans des souvenirs pleins les poches, les visiteurs qui ont scanné leurs objets peuvent ajouter des descriptions associées à l'objet, et c'est ces descriptions qui seront déterminantes dans le classement opéré par son système d'archive.

I.4. moteur de recherche

Le moteur de recherche est une fonctionnalité offerte par l'informatique qui permet l'accès rapide à l'information à l'aide de mots-clefs. Il n'est pas, à la limite, nécessaire de classer l'information lors de son enregistrement, celle-ci pouvant être classée de manière automatique en rapport avec son propre contenu. Toutefois si on désire avoir un système de classement plus fin permettant, par exemple, d'établir des catégories d'informations, il devient nécessaire de créer des index.

Ces index peuvent être dans le cas d'informations numériques incluses dans le document même. Le nom du document fournie déjà un premier niveau d'indexation d'un fichier numérique permettant au moteur de recherche de le retrouver. Comme on l'a vu plus haut, il n'existe pas en effet de fichier numérique dépourvu de nom. Alors qu'une photo argentique, ou un film est un objet physique sans nom, il est impossible d'enregistrer une photo numérique sans lui donner un nom. L'appareil servant à capturer l'image la nomme dés l'enregistrement. Les fichiers numériques sont donc déjà indexés lors de l'enregistrement, à cette première indexation on peut ajouter d'autres index permettant un classement ultérieur des fichiers.

Si on prend le cas des pages HTML qui sont de simples fichiers textes on voit bien qu'un certain nombre de balises est prévu afin d'indexer les pages et de permettre de les retrouver à l'aide des moteurs de recherches sur le web. C'est par l'analyse automatique de ces méta-informations que des moteurs de recherche tel que Google peuvent créer de nouveaux index permettant de classer les documents numériques présents sur le réseau. Google recense plusieurs milliards[29] de pages web et met un mois pour mettre à jour ses index.

---

[29]4 285 199 774 pages recensées en août 2004, 21 Miiliards en 2005

I.5. base de données, *The File Room*

La base de données est une manière de ranger de l'information dans un ordinateur. Il existe différents types de bases de données, elles peuvent être hiérarchiques, relationnelles, orientées objets, en réseau, etc. Dans une base de données hiérarchique les informations sont rangées dans une structure de type arborescente. Les bases de données orientées objets enregistrent des données complexes appelées « objets » qui sont à leur tour rangés dans une structure hiérarchique dont chaque classe d'objet hérite des propriétés de la classe de niveau supérieur.

C'est sans aucun doute la base de données de type relationnelle qui est la plus utilisée actuellement, les informations sont enregistrées dans des tables contenant un certain nombre de champs. Ces champs qui correspondent à des sortes de rubriques d'une même fiche, permettent de trier les informations que la base contient suivant un ou plusieurs critères appliqués à ces champs. Avec ce système à la fois simple et permettant la saisie d'informations croisées, il est aisé de créer des bases de données complexes. La base de données est donc particulièrement adaptée pour des opérations de recherches sélectives automatisées et gérées par un ordinateur.En 1994, Muntadas crée *The File Room*, un projet qui se déploie à la fois dans l'espace physique et sur Internet. Mundadas décrit son projet comme étant « un système interactif et ouvert »[30] . Son projet consiste à créer un site permettant la collecte d'informations sur des cas de censure d'œuvres artistiques. Cette œuvre n'est pas une œuvre « terminée » mais un point de départ, un système ouvert qui grandit de jour en jour avec l'accumulation de témoignages sur la censure laissés par le public par le biais d'un formulaire. L'œuvre ne prétend pas être une encyclopédie mais propose une manière alternative de collecter de l'information et de la présenter afin d'établir un débat sur les différentes formes de censure et les procédures d'archivages.

L'œuvre a d'abord été présentée sous la forme d'une installation, dans une salle contre les murs de laquelle sont placées des armoires métalliques à tiroirs, un bureau lui aussi métallique prend place au milieu de l'espace.

---

[30] Muntadas, *Introductory Notes to THE FILE ROOM*, site -http://www.thefileroom.org/documents/Intro.html

Sur ce bureau un ordinateur est à la disposition du public afin de consulter les archives. L'installation plonge le visiteur dans un univers très administratif, épuré et froid. Le siège à roulettes présent devant le bureau est un accessoire habituel des bureaux administratifs, on imagine aisément l'employé venant pointé à son travail quotidiennement devant son ordinateur et pour qui enregistrer des documents concernant la censure n'a pas plus de sens que s'il faisait l'inventaire d'une boutique. Muntadas critique par ce procédé un archivage automatique réalisé sans prise de conscience.

Depuis la mise en ligne de l'œuvre sur internet la base de données s'est développée et contient désormais un volume impressionnant de fiches sur des cas de censure concernant des artistes ou des œuvres de toutes époques et de médias différents.

Le public peut consulter la base de données à l'aide d'un moteur de recherche ou en sélectionnant un certain nombre de critères tels que la période historique, la localisation géographique, le médium de l'œuvre ou la nature du sujet ayant provoqué la censure. Installée premièrement au Chicago Cultural Center, *The File Room* fait référence au passé de ce bâtiment qui était autrefois une bibliothèque et un centre de dépôt d'archives.

Les critères sélectionnables permettent une

indexation, un classement des données. Ces critères sont définis à l'enregistrement des fiches liées à des cas de censure par les contributeurs eux-mêmes qui doivent les renseigner dans un formulaire prévu à cet effet, ce qui permet une extraction rapide dans la base de données de fiches.

Dans cette œuvre de Muntadas, qui se présente sous la forme d'une une suite de champs textes avec parfois dans certaines fiches une photo d'accompagnement, la base de données est très présente, en effet lorsqu'on consulte une fiche chaque champs de la fiche inscrite dans la base est affiché tel quel. Muntadas utilise une base de données relationnelle simple avec des critères de recherche et d'affichage simples. Ceci met au jour le caractère fragmentaire de la base de données qui est constituée d'items ou de fiches séparées les unes des autres. C'est finalement le thème, la censure qui rassemble les diverses fiches et rend la navigation dans l'oeuvre cohérente.

La base de données est autant au centre du travail de l'artiste que la censure en elle-même.

Présenter, représenter.

Pour les artistes utilisant des archives, se pose la question de la monstration de ces archives. Les archives doivent donc être mises en forme. Diverses possibilités s'offrent aux artistes, de la présentation sur site Web à l'installation d'objets dans l'espace de la galerie en passant par des installations hybrides où l'œuvre est à la fois dans la galerie et sur le réseau comme on l'a vu pour *The File Room*. L'œuvre peut aussi être dans l'espace sous forme d'installation avec une extension sur Internet comme c'est le cas pour l'œuvre de George Legrady des souvenirs pleins les poches. Une autre configuration possible est la performance.

II.1. Interface

Marshall Mc Luhan nous dit que « les média sont des traducteurs »[31]. « [...]les technologies sont des moyens de traduire ou de transposer une sorte de connaissance sur un autre mode. »[32] Avec les technologies numériques, les média tels que les CD-ROM, Internet, et autres media numériques, ont besoin de traducteurs.

Au contraire d'une sculpture ou d'une peinture, d'une performance ou de toute œuvre artistique mécanique, les œuvres numériques ont besoin d'une technologie de traduction. On pourra répondre que ce n'est pas nouveau, que le film a besoin d'un projecteur par exemple. Mais le film est un film sans le projecteur, le projecteur n'est qu'un moyen mécanique de l'agrandir et de lui donner du mouvement. Sur la bande du film, les images sont déjà réalisées, elles sont visibles, seul le mouvement est encore à l'état

---

[31]Marshall Mc Luhan, *Pour comprendre les média*, Mame/Seuil, Paris/Tours, trad. Jean Paré, 1968, chap. 6.

[32] Ibid., p.76.

de possible et ne sera réalisé que lorsque la bande sera mise en mouvement et en lumière par le projecteur.

Les images, les vidéos, les sons, les textes numériques ne sont rien d'intelligible sans traducteur. Ces documents, œuvres ou informations sont tous codés en binaire. Tous sont traités de la même manière par l'ordinateur. C'est l'ordinateur qui les traduit. Sans l'ordinateur, pas d'image, pas de vidéo, rien qu'un support inerte. Tout étant stocké sous forme de bits sur le support d'enregistrement, il faut que l'ordinateur et son programme déchiffrent ces bits pour les rendre intelligibles d'une part, et pour nous les rendre visibles d'autre part, ainsi l'ordinateur est l'indispensable interface entre les informations qu'il contient et l'utilisateur.

Le média numérique subit une double traduction : premièrement il est traduit de l'utilisateur vers le centre de stockage, deuxièmement, il est retraduit du centre de stockage vers l'ordinateur. L'œuvre numérique dépend donc toujours de l'interface ordinateur pour fonctionner, que l'œuvre soit complexe ou non, c'est par l'intermédiaire de ordinateur qu'elle est crée, et c'est par l'intermédiaire de l'ordinateur qu'elle est affichée.

L'ordinateur est donc un traducteur d'information, mais il est aussi l'interface permettant d'interagir avec ces informations.

La notion d'interface est très importante pour ce qui concerne tous les traitements de l'information. C'est grâce à une interface que nous visualisons les pages Web, le Web permet au contraire du simple réseau Internet d'utiliser une interface graphique, les pages Web deviennent elles-mêmes des interfaces entre l'utilisateur et d'autres pages Web qui sont appelées par les liens qu'elles renferment. Cet environnement graphique issu du premier interface graphique du Macintosh puis développé à son tour par Microsoft avec Windows et enfin par les créateurs de Linux, est à l'image des environnements graphiques de ces divers systèmes d'exploitation. L'interface est la « jonction entre deux éléments d'un système informatique ».

Elle est aussi l'habillage de l'information, le moyen de rendre l'information accessible de la mettre en page, de la valoriser.

L'interface est aussi le moyen de rendre l'œuvre, sur la page Web ou tout autre contenu numérique, interactif, « A regarder les recherches récentes des artistes du virtuel, on constate en effet une prise en compte de l'interface comme partie intégrante, sinon centrale, de l'œuvre[33] ».

L'interface graphique composée de liens

---

[33]Jean-Louis Boissier, « Virtuel (arts) » in Universalis sur CD-ROM version 8.

comme un document hypertexte présente un aspect plus convivial et plus ludique que du simple texte, il s'impose désormais comme un élément à la fois constituant de l'œuvre et comme une interface entre le spectateur - utilisateur et l'œuvre.

Certaines interfaces, comme *the ArtChivist* créée par Fabrice Oehl pour le projet de Karen O'Rourke *archiving as art,* représentent l'archive en donnant accès à des archives. Le but du projet expérimental *archiving as art* (projet faisant partie du programme de recherche du CNRS « les archives de la création ») doit inciter des artistes à réfléchir sur la question des archives et de l'archivage. Comment définissons-nous ce qui vaut la peine d'être archivé? Comment le matériel peut-il être consulté? Comment peut-il être mis à jour? Comment les éléments fixes et mobiles peuvent-ils être articulés? Les artistes participants ont été invités à créer des modèles numériques qui peuvent être présentés sur le réseau internet et hors-ligne. *The ArtChivist* reprend une imagerie classique de bureau recouvert de livres et de documents divers ainsi qu'une bibliothèque en arrière plan. Cette représentation sert d'interface premier entre le spectateur et les oeuvres des artistes participant à ce projet. Dans un premier temps cette interface est le lieu d'accès aux projets des artistes, puis ces projets seront remplacés par les œuvres elles-mêmes.

II.2. Quand l'interface devient œuvre

Parfois la frontière entre l'interface en tant qu'œuvre et l'œuvre devient floue. *The ArtChivist* en est un exemple, en effet en plus d'être une porte d'accès aux œuvres présentées par Karen O'Rourke, c'est lui-même une œuvre qui d'ailleurs est désigné comme tel dans le catalogue de l'exposition[34]. Certains sites web affichent clairement leur position en utilisant Internet comme simple moyen de diffusion, l'interface est alors mise en avant comme particularité interactive d'Internet permettant l'accès à des textes théoriques ou à des présentations d'œuvres sous forme d'informations. Dans ce cas ces sites artistiques sont du coté de la présentation d'œuvres et ne diffèrent d'un livre ou d'une galerie que dans l'apparence et par la manière dont on les consulte. Ces sites archivent œuvres et textes, les classent et en permettent l'accès à l'aide d'un moteur de recherche.

L'interface peut même devenir l'œuvre elle-

---

[34]Archiving as art, catalogue publié par l'université Paris I, 2000.

même. Prenons par exemple l'interface *Starry Night* de Alex Galloway & Mark Tribe, accessible sur le site web de rhizome : http://www.rhizome.org.[35] Cette interface entre l'utilisateur et une base de données textuelle constitue en elle-même l'œuvre, entièrement dépendante du réseau et des interactions que les utilisateurs entretiennent avec lui, elle se modifie en fonction du nombre de consultations de textes enregistrés dans une base de données, relie des textes entre eux en suivant des mots-clés et offre une sorte de représentation mouvante de l'espace virtuel du Web.

On peut lire sur le site la description suivante de l'œuvre :

« quand un nouveau texte est lu pour la première fois sur le site Rhizome, il apparaît sur *StarryNight* comme une petite étoile.

Chaque fois qu'un texte est lu de nouveau - par n'importe quel utilisateur de l'Internet à travers le monde - l'étoile correspondante devient un peu plus brillante. Avec le temps, la page commence à ressembler à un ciel étoilé où les étoiles les plus brillantes correspondent aux textes les plus populaires de la base de données, et où les plus petites correspondent aux textes les moins lus.

En faisant glisser le curseur de la souris sur

[35]Il ne reste qu'une description de l' œuvre, elle n'est plus opérationnelle.

une des étoiles on provoque l'affichage d'une liste de mots clés partagés entre ce texte et d'autre textes. Si on sélectionne un mot clé dans la liste, se dessine alors une constellation reliant toutes les étoiles qui partagent ce mot clé.

StarryNight dépend de deux logiciels originaux : un ensemble de scripts en perl qui trie les textes par mot clé et enregistre leur popularité, et un Java applet qui filtre ces informations pour dessiner les étoiles et les constellations. »

Ce système développé en java et en perl est un moyen de mettre en évidence les textes les plus lus en accroissant leur visibilité, il hiérarchise ainsi les textes suivant le nombre de lectures et crée des liens entre les textes (ce sont les articles du forum du site qui sont archivés).

Chaque texte ayant plusieurs mots clefs, les textes s'interconnectent suivant ces mots clefs et leur nombre de lectures créant ainsi des constellations plus ou moins complexes où chaque étoile représente un texte ayant ses propres mots clefs et faisant donc partie d'une autre constellation. Les archives du site sont classées selon deux méthodes imbriquées, la popularité d'un article et les relations des articles entre eux définies par les mots clés associés à chaque article. Il s'agit pour l'interface de mettre en forme les archives, l'interface peut se définir comme une archive, un contenant, une façon d'énoncer les archives.

Toujours sur le site rhizome, on peut retrouver les interfaces *Every Image*, de Alex Galloway et *Spiral* de Martin Wattenberg qui sont aussi des interfaces à vocation d'œuvre. Ces œuvres fonctionnent à peu près suivant le même principe en utilisant un habillage graphique plus élaboré mais toutefois moins « lisible ».

A l'ordinateur comme interface primaire[36] entre l'information et nous, s'ajoutent d'autres types d'interfaces, le premier étant le navigateur nous permettant de visualiser les pages Web, le second pouvant être la page Web elle-même en tant qu'interface entre l'utilisateur et d'autres pages Web, on parle alors de « portail ».

L'information ou les autres pages pouvant n'être que des prétextes à la mise en place de l'interface quand il s'agit de donner à celle-ci le caractère d'œuvre artistique, l'interface

---

[36] je considère pour le cas présent que l'ordinateur est l'ensemble comprenant le calculateur et le clavier et la souris, ceci afin de limiter le nombre d'interface à décrire.

devient l'archive, en tant que système organisant des archives. La mise en avant par *Starry Night* des textes par un système privilégiant la popularité des articles est discutable, toutefois cette approche est contrebalancée par le jeu des mots-clés associés à chaque article qui relient ainsi les articles les plus visités à d'autres moins visibles. *Starry Night* est un système qui s'auto-organise et se modifie à chaque visite et ouverture de textes ou d'articles liés.

Les deux autres œuvres citées plus haut utilisent la même source de données que *Starry Night,* c'est la même base de données qui est mise en forme différemment par l'interface.

II.3. Atlas Group Archive

Atlas group est un projet évolutif fondé par Walid Raad en 1999 à Beyrouth. Ce projet vise à documenter l'histoire contemporaine du Liban et notamment les périodes de guerres successives de 1975 à 1991. L'Atlas Group collecte et produit des documents de toutes sortes tels que des photographies, des carnets de notes, des films, etc. Tout ces documents constituent l'Atlas Group Archive.

L'Atlas Group organise les pièces qui constituent ses archives en trois catégories: Type A, Type FD et Type AGP.

Les documents Type A (pour Authored) sont les documents attribués à des auteurs, les documents Type FD (pour Found) sont ceux qui sont attribués à des individus ou des organisations anonymes et enfin les documents AGP (Atlas Group Productions)pour les documents trouvés et attribués à l'Atlas Group. Malgré l'attribution des documents à des auteurs ou des groupes identifiés ou anonymes, ces documents ont tous été produits par l'Atlas Group. Le terme d'archives prend donc une nature particulière dans ce travail puisque ces documents sont tous fictifs. Ils sont fictifs mais plausibles dans le contexte historique de la guerre civile du Liban, les auteurs des documents sont fictifs mais pourraient avoir existé et pourraient avoir eu les expériences décrites par les archives. Parmi les documents de ces archives, un certain nombre est attribué au docteur Fadl Fakhouri qui est présenté comme un des plus éminents historiens des guerres civiles du Liban. L'Atlas Group aurait obtenu ses archives grâce au don de sa veuve, Zainab Fakhouri. Les archives du docteur Fakhouri comportent des carnets et des films et sont accompagnées de documents diverses attestant de l'existence du docteur ou du moins de la possibilité de son existence. Une documentation brève de l'auteur accompagne ses archives et permet de construire une sorte de portrait du docteur lui conférant ainsi une crédibilité en tant que personnage historique. On peut ainsi voir quelques photographies de lui dans divers lieux ce qui l'ancre dans la vie libanaise de cette époque. Ces quelques photographies ne sont que des évocations, en effet les quelques clichés accompagnant les archives ne montrent qu'un personnage vu de loin et rien, à part le discourt de Walid Raad lors des conférences qu'il organise, ne peut affirmer qu'il s'agit bien du Docteur Fakhouri, ces images du docteurs lui donnent une possible existence.

Ces archives sont présentées au public lors de conférences données par Walid Raad. En exergue de sa présentation il nous prévient que pour des raisons linguistiques une partie de la conférence sera en anglais et contrairement à ce qu'il nous dit auparavant il ne semble pas avoir la moindre difficulté pour parler en français, aussi pourquoi mélanger anglais et français lors de sa conférence? Peut-être est-ce un moyen pour lui d'internationaliser sa conférence et par là de rendre l'archive universelle.

On nous informe du fait que les plus grand historiens des guerres du Liban étaient des parieurs invétérés qui se rencontraient tous les dimanches au champs de courses, mais au lieu de parier sur le cheval gagnant, ces historiens pariaient sur l'instant précis où le photographe prendrait son cliché de l'arrivée. Le parie portait donc sur le nombre de secondes avant ou après le franchissement de la ligne par le gagnant de la course. Les historiens seraient allés jusqu'à payer le photographe pour qu'il ne prenne qu'une seule photo de l'arrivée. Cette pratique dominicale des historiens nous est relatée par l'archive que constitue le carnet 72 (notebook 72) du Docteur Fakhouri. Sur les trente pages de ce carnet on retrouve la même mise en page. Chaque page jaunie du carnet contient la date de la course, une photographie de l'arrivée découpée dans le journal Al-Nahar le lendemain de la course et collée par deux bouts de ruban adhésif, deux traits tirés entre la tête du cheval et le point de mire de l'arrivée afin de calculer le temps gagnant, la distance de la course, sa durée, la moyenne du cheval vainqueur, les initiales et les paris de chacun des historiens, les calculs du Docteur Fakhouri ainsi qu'une description de l'historien vainqueur.

Les notes inscrites dans les pages des carnets sont en arabe et en anglais. Ces notes ne portent que sur des faits, aucun commentaire ne les entoure. Pourquoi des historiens parient-ils sur une imprécision, sur un décalage entre le temps de l'arrivée du cheval et le temps de la prise de vue? Ce décalage signifie la difficulté à rendre compte de l'histoire, il signifie l'impossibilité de décrire avec précision un instant historique malgré les progrès technologiques et la capacité d'enregistrement et d'archivage qu'ils confèrent. Le cliché photographique de l'arrivée montre toujours un décalage entre l'instant exact de l'arrivée du cheval et le moment où le photographe a déclenché son appareil. L'archive traduit un mode de fonctionnement global tandis que son contenu est imparfait ou imprécis, elle est ce qui permet aux historiens de récrire l'histoire avec tous les vides et le hasard qui sont entre les fragments qui constituent l'archive. L'archive que constitue le carnet contient en lui même l'archive qu'est la photographie découpée dans le journal du lendemain. Au décalage entre le cliché et l'arrivée s'ajoute un décalage historique entre le jour de la course et l'interprétation qui est faite à partir de photographies publiées dans le journal, ce journal qui est lui-même une archive au jour le jour. Il y a ainsi une mise en abîme de l'archive.

Parmi les documents du docteur Fakhouri, on retrouve deux films très courts, l'un de 47 secondes et l'autre de 27 secondes. L'historien avait l'habitude, selon les dires de l'Atlas Group, de transporter avec lui dans ses déplacements deux caméras 8mm. Sur l'un des films, il aurait saisi une image de toutes les plaques des offices médicaux qu'il croisait. Intitulé « No, Illness Is Neither Here Nor There » (non, la maladie n'est pas ici, ni là), le film contient un grand nombre d'images de plaques bilingues de praticiens en arabe traduit en anglais ou en français. Dans le contexte des guerres successives du Liban, au milieu de la mort et de la destruction du pays, c'est la maladie des institutions et du pouvoir politique qui est signifiée. L'Atlas Group met en évidence le fait que la maladie, le virus qui gangrène le Liban pendant toute ces années ne peut pas être traiter là, « non, la maladie n'est pas ici, ni là ».

Le deuxième film nous est présenté comme étant le résultat de prises de vues successives captées par le docteur à chaque fois qu'il entrevoyait la possibilité de la fin des hostilités. Intitulé « Miraculous Beginnings » (commencements miraculeux), ce film figure les espoirs de guérison d'un pays malade et l'attente de jours meilleurs de la part d'un peuple. Les images qui composent ce film sont une suite de scènes anonymes pleines de quiétude : une personne allongée sur un divan, une voiture devant un immeuble (au contraire des scènes régulières de voitures éventrées par une explosion), une table dressée laissant supposer qu'une famille va déjeuner, etc. En plus d'être une sorte de journal intime photographique, l'ensemble représente un parcours, celui du docteur, et tous les moments d'espoirs sont retranscrits dans ces images qui symbolisent les représentations du bonheur tels que le docteur Fakhouri se les imagine. Ces deux documents ajoutent une valeur subjective aux archives donnant du poids aux documents plus classiques. Pourquoi avoir choisi telle enseigne plus qu'une autre, tel lieu ou scène comme représentation du bonheur? Le docteur Fakhouri, lui-même fictif, reconstruit une mémoire dans ces films, chaque photogramme est une archive fugitive, une prise de note. La fugacité des prises de vues est d'autant plus mise en évidence que lorsque les films sont projetés, chaque photographie n'est visible que pendant 1/25 ème de seconde, on ne retient donc pas en mémoire les images unes à unes mais l'enchaînement, l'archive est cet enchaînement, elle est ce qui énonce les archives.

II.4. Des souvenirs pleins les poches

L'archivage comme pratique artistique n'est pas une spécificité des arts numériques comme on vient de le voir avec l'Atlas Group, cependant les ordinateurs offrant de grandes possibilités d'archivage de données de toutes sortes, et notamment de classements de ces données, un certain nombre d'artistes ont crée des œuvres fonctionnant comme des grandes bibliothèques d'archives ou utilisant des archives comme matériaux premiers. Certaines œuvres fonctionnent sur CD-Rom d'autres sont entièrement autonomes sur le Web, d'autres ayant des relations avec le monde physique. En fait comme le signale Jean-Louis Boissier dans une entrevue accordée à la revue virtuelle « Bulbe » , les œuvres pour avoir une visibilité sont la plupart du temps présentées sous la forme d'installations.

George Legrady, artiste canadien d'origine hongroise résidant en Californie, a présenté au centre Pompidou, une œuvre intitulée « des souvenirs plein les poches » du 18 avril au 3 septembre 2001.

Cette œuvre fonctionne parallèlement sur le Web et dans l'espace de la galerie. Dans la galerie, un écran de vidéo - projection affiche une image semblable à celle que peuvent voir les internautes qui se connectaient sur le site http://www.dessouvenirspleinlespoches.com[37]. On y voit un ensemble d'images d'objets aussi divers que des lunettes de soleil, une boite de « vache qui rit », des mouchoirs, etc. En entrant dans la galerie, les visiteurs sont invités à laisser une image numérique d'un objet qu'ils ont dans leurs poches et à en définir des caractéristiques de base à l'aide d'un questionnaire sur un terminal. Une fois l'objet numérisé et le questionnaire rempli, l'objet est archivé et classé dans une base de données parmi les autres objets déjà présents en fonction de huit critères indiquant des degrés entre deux opposés tels que : doux / dur, vieux / neuf, personnel / impersonnel, naturel / synthétique, etc.

Les visiteurs dans la galerie et sur Internet peuvent tous deux contribuer à l'œuvre en ajoutant des commentaires et des histoires aux objets. Les archives des objets, au bout du compte, deviennent aussi un site pour la collecte et l'échange d'histoires, de récits. L'archivage des objets est limité dans le temps

---

[37]Site désormais inaccessible.

puisqu'il ne se fait que dans la galerie et fini donc par faire une sorte de portrait culturel des visiteurs de l'exposition, tandis que l'archivage des histoires autour des objets numérisés peut se poursuivre sur le net par l'ajout de commentaires par les visiteurs qui se connectent sur le site contribuant ainsi à donner à l'œuvre un surplus de virtualité.

Conçue comme une installation sur la matière des archives et de la mémoire, des souvenirs pleins les poches, durant le temps de l'exposition, a eu approximativement 20000 visiteurs qui sont venus pour regarder l'installation et ont contribué à l'oeuvre en numérisant plus de 3300 objets qu'ils avaient en leur possession dans leurs poches et en les décrivant à l'aide d'une console mise à leur disposition. Cette information a été stockée dans une base de données et organisée par l'algorithme à organisation automatique de Kohonen qui a placé les objets avec des descriptions semblables près les uns des autres dans une carte bidimensionnelle.

La carte des objets a été projetée dans l'espace de galerie et est aussi accessible en ligne sur internet où les spectateurs dans la galerie et chez eux ont pu passer en revue les objets et ajouter des commentaires et des histoires en relation avec n'importe lequel des objets visionnés.

Le projet des souvenirs pleins les poches (PFOM pour Pocket Full Of Memory) a débuté au printemps 1999 suite à une entrevue avec Boris Tissot, coordonnateur d'exposition du centre Pompidou qui souhaitait une exposition qui intégrerait des éléments liées aux inter-relations entre la mémoire, les archives, la technologie numérique et le grand public. Une collaboration a été développée avec le Dr. Timo Honkela du laboratoire médias de l'université d'art de Helsinki par l'intermédiaire du programme de recherche CIRCUS (Content Integrated Research in Creative User Systems), un projet de développement financé par l'union européenne dans le cadre du programme Esprit. Timo Koskenniemi du laboratoire de médias d'UIAH a contribué à la mise en place de l'algorithme à organisation autonome de carte. L'algorithme de Kohonen décrit plus tôt dans des recherches de Honkela (Honkela 1997) est devenu un cadre conceptuel principal pour le projet de PFOM.

La production a commencé durant l'été 2000, avec l'appui de la fondation Daniel Langlois pour l'art, la science et la technologie[38] et s'est poursuivie jusqu'à l'ouverture de l'exposition en avril 2001 avec une première présentation d'un prototype à l'Ecole Nationale des Beaux-Arts de Paris quelques mois avant celle au

---

[38]Voir le site www.fondation-langlois.org

centre Pompidou. En plus de la contribution de l'équipe du laboratoire de médias d'Uiah (prof. Timo Honkela, Timo Koskenniemi et Pétri Saarikko), une équipe internationale de spécialistes a réalisé divers composants du projet.

PFOM intègre l'environnement de l'espace d'une installation dans un musée avec un accès virtuel à la base de données par l'Internet. Les visiteurs à l'exposition contribuent aux archives numériques en alimentant une base de données à partir de l'information visuelle et descriptive au sujet d'un objet en leur possession à l'heure de leur visite de l'installation. La contribution à l'oeuvre par l'ajout de données a lieu dans le secteur de l'entrée de la galerie où le public agit dans un processus en deux étapes qui comprend la numérisation de l'objet suivie par l'ajout d'informations concernant cet objet par l'intermédiaire d'un questionnaire à remplir sur un écran tactile afin de décrire ses attributs. L'image de l'objet et les données descriptives sont alors stockées dans une base de données qui se développe pendant toute la durée de l'exposition. La présentation et l'accès à la base de données se font en ligne et dans la galerie par le biais d'une projection à grande échelle dans l'espace de la galerie du musée et que George Legrady nomme le « mur des objets ».

Une grande carte chronologique du commencement à la fin de l'exposition peut être vue en ligne ainsi que les informations détaillées sur chaque contribution ce qui permet des comparaisons entre les descriptions.

Les archives des objets se composent des objets que les visiteurs du musée portaient sur eux, par exemple, des téléphones portables, des clefs, des jouets, des fragments de leur habillement, divers documents personnels, de l'argent, etc. La taille de la boîte de numérisation était le seul facteur limitant la taille des objets et qui a ainsi déterminé ce qui pourrait être ajouté aux archives. George Legrady prévoyait durant la phase de projet que la majorité de contributions se composerait d'objets de la vie quotidienne et que le résultat final fournirait une vue d'ensemble de la gamme des choses que les gens portent sur eux.

Néanmoins il avait l'espoir que quelques membres du public seraient créatifs dans leurs choix de contribution, et en effet les méthodes de numérisation et les descriptions sont là pour en attester, quelques objets dépassent l'objet usuel quotidien, comme par exemple une note de proposition de mariage. « Nous nous rendions également compte que de tels systèmes interactifs publics examinent des situations où une partie des visiteurs qui veulent voir ou tester la robustesse de tels systèmes tentent de dépasser les limites techniques et conceptuelles du projet[39] ». Une des formes de contributions inattendues aux archives est l'inclusion dans la base de données de nombreuses parties du corps prises comme des objets: des têtes, des mains et des pieds (certains sont souples) sont entrés dans les archives.

Les nombreuses têtes, mains et pieds balayés ont ajouté un niveau de sens aux archives en leur permettant de n'être pas simplement une collection d'objets archivés. Avec la présence corporelle des contributeurs, l'environnement numérique des données est devenu une « prolongation métaphorique du corps humain[40] ».

Les archives des objets dans la base de données sont commandées par la carte à organisation autonome de Kohonen avant d'être projetées dans l'espace de la galerie et d'être consultées en ligne. En raison des limitations courantes de largeur de la projection dans la galerie, la carte des objets a été limitée à 280 objets, ainsi un choix est

---

[39]George Legrady, traduction libre d'un texte présent sur son site Internet

[40]Idem

d'abord fait dans toute la base de données chaque fois que le SOM est activé (une fois par minute). Le choix est basé sur un prélèvement d'un certain pourcentage de la base de données avec une priorité accordée aux dix entrées les plus récentes. Honkela décrit la fonction du SOM dans ce projet comme suit:

« l'algorithme à organisation autonome de la carte (SOM, également appelé la carte de Kohonen) est la méthode de base qui est employée pour créer « le mur des objets ». Le SOM organise les articles saisies (objets donnés en contribution par le public) en une carte à 2 dimensions. Sur la carte les articles tendent à apparaître près les uns des autres s'ils ont des descriptions semblables. Dans cette exposition, les descriptions se composent des attributs et des mots-clés. Les valeurs et les mots-clés d'attributs sont indiqués par le visiteur de l'exposition. Elles sont transformées sous forme de données numériques qui peuvent servir d'entrées pour l'algorithme. L'algorithme peut commencer à organiser les objets à partir d'un état aléatoire de la carte. Par un processus itératif (calcul répété) il manipule les entrées.

La carte se compose d'une collection de noeuds qui peuvent être pensés comme des lieux sur le paysage de la carte. Sur la carte, les noeuds voisins tendent à lier les objets semblables. Près de chacun des objets il peut y avoir des objets à qui ont été donnés des valeurs d'attributs semblables, ou des objets qui portent le même nom. Ainsi, tous les objets avec un mot-clé particulier ne sont pas nécessairement placés à côté les uns des autres si les descriptions qui les concernent changent. D'ailleurs, même si les qualités visuelles d'une image sont très semblables, il peut très bien se produire que deux personnes évaluent l'objet très différemment en se basant sur leur point de vue subjectif.

L'ordre de la carte finale est une conséquence de toutes les entrées. Le phénomène s'appelle l'apparition: l'ordre n'est pas déterminé à l'avance. L'ordre émerge par les contributions des spectateurs. Le système de classification n'est pas indiqué à l'avance mais il est créé par le grand nombre d'interactions locales créées sur la carte. C'est pourquoi le système peut être appelé à « organisation automatique ». Métaphoriquement, les articles semblables se recherchent sans aucune commande centralisée[41] ».

Le positionnement d'un objet dans la carte de SOM dépend complètement de la manière dont le contributeur l'a décrit, les contributeurs s'engagent dans un processus créateur quand ils prescrivent des mots-clés et évaluent leur objet selon les attributs

---

[41]Idem

proposés par le questionnaire. Quoique la carte puisse contenir de nombreux téléphones portables, des montres et des mains, leur positionnement à travers la carte reflète la perception du contributeur de lui-même, des objets et du choix des mots employés pour les décrire. Une des expériences principales de l'exposition est d'observer le positionnement de l'image de l'objet sur la projection à grande échelle. Après une courte attente suivant la saisie de données, l'image apparaît sur l'écran accentuée par un encadrement orange pour faciliter son identification. Pendant que le SOM traite les données chaque minute, il balaye chaque ligne de la carte et remplace ou déplace des objets basés sur le nouvel ordre.

Ce processus continue sans interruption et présente le moyen de comparer et de réfléchir au sujet des choix descriptifs que le contributeur a fait pour définir l'objet. L'accessibilité sur l'Internet fournit des moyens par lesquels le dialogue pour les visiteurs du musée peut sortir hors des murs, sur Internet les « spectacteurs » ont la possibilité d'ajouter des commentaires et des histoires concernant n'importe quel objet, et à partir de n'importe quel lieux à travers le monde. Selon George Legrady, beaucoup de visiteurs en voyage ont utilisé cette fonctionnalité de l'oeuvre pour nouer un contact avec des amis ou leur familles qui ont alors ajouté leurs propres réponses.

L'archive comme forme

III.1. Collection.

La collection est collecte, rassemblement d'un certain nombre d'objets (au sens large du terme) en un même lieu suivant des critères plus ou moins subjectifs. Le collectionneur cherche l'objet manquant à sa collection. La collection, en plus de s'attacher au rassemblement, fait surgir la notion de déplacement ou de parcours. Nicolas Bourriaud, curateur de l'exposition Playlist, introduit d'ailleurs le catalogue de l'exposition par un article intitulé « Le collectivisme artistique et la production de parcours »[42]. On va à la recherche d'un objet, à la rencontre de cet objet, qui, une fois trouvé et déplacé du lieu de cette rencontre au lieu de la collection, est enrobé de souvenirs, de mémoire, on se souvient du lieu où cet objet a été trouvé, du chemin qu'il a fallu parcourir pour le rencontrer. Le collectionneur face à sa

---

[42]*Playlist*, catalogue d'exposition, Palais de Tokyo-Site de Création Contemporaine/ Édition Cercle d'Art, Paris, 2004.

collection se retrouve face à un échange intime autobiographique dans la mesure où chaque objet de la collection est pour lui un rappel de parcours et de situations personnelles dont lui seul a pleinement connaissance et mémoire.

En 2001, Jean-Louis Boissier a présenté au Centre Pompidou une installation nommée Mémoire de crayons[43]. Cette installation comprend une table vitrée dans laquelle sont disposés 1024 crayons à papiers répartis dans 32 cases comprenant chacune 32 crayons. Cette collection de crayons fait directement référence à l'histoire de Cherechevski relatée par Jacques Roubaud dans son livre, dédié à l'art de la mémoire, le fils de Leoprepes[44]. Cherechevski, doté d'une grande capacité mémorielle « distribuait les séquences de mots, transformés en images mentales, le long des rues qu'il connaissait. Il lui arriva d'oublier le mot crayon : il l'avait mis dans l'ombre d'une palissade de la rue Gorki[45]. » En face de la table vitrée, un ordinateur permet

---

[43]Exposition au Centre Pompidou, Galerie des enfants, *Mémoire de crayons*, du 18 avril au 3 septembre 2001. Cette installation est une version modifiée de l'installation *Tabula rasa*. Les modifications concernent notamment l'ajout des images des crayons et une traduction anglaise.

[44]Jacques Roubaud, *le fils de Leoprepes*, Circé, Strasbourg, 1993, p. 37-44.

l'accès à une base de données recensant les 1024 crayons (en informatique 1024 octets égales 1 kilo-octets). Si on décrit suffisamment un crayon dans l'interface de recherche, on accède alors à la fiche de celui-ci. Comme pour amplifier la problématique de la mémoire, cet ordinateur est disposé de telle manière que lorsqu'on est assis devant on est dos à la table, on doit donc décrire le crayon de mémoire dans un mouvement rappelant celui entrepris par Jean-Louis Boissier pour se remémorer les origines et les circonstances de l'acquisition de ce même crayon.

L'enregistrement ou la saisie du réel par quelque moyen que ce soit est de l'ordre de la collecte. On collecte des traces du réel afin de les mémoriser, de les mettre en mémoire.

---

[45]Jean-Louis Boissier, *La relation comme forme. L'interactivité en art*, MAMCO, Genève, 2004, p. 214.

III.2. De la collection aux archives

L'origine des archives et leur mode de constitution les différencient des collections en ceci que celles-ci ne sont pas le résultat d'une conservation liée à une activité, mais d'un choix et d'une recherche de documents ou d'objets en vue de constituer un ensemble plus ou moins homogène selon des critères arbitraires. La démarche du collectionneur est une démarche volontaire visant à rassembler, à collecter des objets. Bibliothèques et collections sont constituées de documents rassemblés, les archives quant à elles ne sont que des documents conservés. En parlant de l'archive judiciaire, Arlette Farge la définie comme étant une « trace brute de vies qui ne demandaient aucunement à se raconter ainsi, et qui y sont obligées, parce qu'un jour confrontées aux réalités de la police et la répression »[46].Il n'en demeure pas moins que l'arbitraire n'est pas absent de leur conservation, dans la mesure où sont effectués des choix afin de déterminer quels

---

[46]Arlette Farge, *le goût de l'archive*, Seuil, Paris, 1997, p. 12.

sont les documents à conserver et les documents à détruire. Les collections peuvent s'inscrire dans le cadre de l'archive dans la mesure où une démarche de type collectionneur peut conduire à la création de documents ou d'objets qu'il ne s'agit plus de choisir explicitement mais d'archiver. L'archive et la collection sont donc intimement liées, c'est l'intention préalable à leur constitution qui les différencie.

Félix Bruly Bouabré, artiste autodidacte né vers 1923 en Côte d'Ivoire[47], consigne depuis 1941 ses recherches et les traces du monde réel dans des centaines et des centaines de petits dessins tous de format 9,5 x 15 cm encadrés d'une phrase et datés. Ce travail infinie, appelé par l'artiste « connaissance du monde[48] », est classé chronologiquement et constitue des petits catalogues manuscrits. Il s'agit pour Bouabré de collecter des traces du monde dans lequel il vit. Les premiers dessins qu'il appelle ses « relevés » sont au début des années 1960 collés dans des manuscrits :

[47]Sa date de naissance est imprécise et comme le dit Bouabré, en Afrique, quand un homme est né, on se contente de savoir qu'il est né, on ne cherche à compter ni les jours, ni les mois, ni les années...

[48]Une partie de son travail était présentée à la documenta 11 de Kassel. *Connaissance du monde*, 1982, 300 dessins, crayons de couleurs, sur cartons 9,5cm x 15 cm, The Pigozzi Collection, Geneva.

« Musée du visage africain », « Solution Bruly aux poids d'or », « Un génie noir dans le musée ivoirien ».

Dans cette sorte de journal intime, Bruly Bouabré relève tous les petits événements par lesquels le monde éternel fait irruption dans le monde éphémère. Il accueille et retient dans ces dessins ce qui se présente à ses yeux comme un savoir possible, une addition de pièces d'identité du réel, de traces du monde naturel. Il observe, traduit et classe les phénomènes qui lui parviennent sans autre intention que de les rendre accessibles à tous. Cerné par des phrases ou des mots, rehaussé par le dessin, le sujet est nommé, montré, annoncé, déchiffré, confirmé comme trace du réel. Bruly Bouabré date et signe chacun de ses « relevés », en apposant une sorte de griffe d'authenticité, comme le cachet d'une bibliothèque. Ce travail de collecte de traces à la manière d'un herboriste constituant son herbier est une collection qui se transforme en archives. Bouabré ne se contente pas de collecter, il produit des archives à partir de ses collectes, des archives qu'il classe dans un travail encyclopédique en utilisant uniquement le dessin et le texte qui est lui-même à la fois texte, index et image ou trace du monde.

L'archive est une trace que l'on conserve en la rapprochant d'autres traces :

« Le concept de trace, je le dis d'un mot parce que ça demanderait de longs développements, n'a pas de limite, il est coextensif à l'expérience du vivant en général. Non seulement du vivant humain, mais du vivant en général. Les animaux tracent, tout vivant trace. Sur ce fond général et sans limite, ce qu'on appelle l'archive, si ce mot doit avoir un sens délimitable, strict, suppose naturellement de la trace, il n'y a pas d'archive sans trace, mais toute trace n'est pas une archive dans la mesure où l'archive suppose non seulement une trace, mais que la trace soit appropriée, contrôlée, organisée, politiquement sous contrôle. Il n'y a pas d'archives sans un pouvoir de capitalisation ou de monopole, de quasi-monopole, de rassemblement de traces statutaires et reconnues comme traces. Autrement dit, il n'y a pas d'archives sans pouvoir politique.[49] »

Pour Derrida l'archivage est un acte de pouvoir, « il y a des personnes qui sont appointées et qui ont compétence reconnue pour contrôler l'archive, c'est-à-dire pour choisir ce qu'on garde et ce qu'on ne garde pas, ce à quoi on donne accès, à qui on donne accès, quand et comment, etc. Il n'y a pas d'archives sans cette organisation quasi étatique, en tout cas légitime et politique, du

---

[49]Jacques Derrida : *Trace et archive, image et art* – 25/06/2002 conférence à l'INA

matériau ainsi informé, c'est-à-dire auquel on donne forme justement par l'interprétation et la classification, la hiérarchisation, la sélection.[50] » mais cette organisation, cette sélection et classification n'est pas seulement étatique comme le suggère Derrida dans un premier temps, elle est aussi individuelle tout en demeurant un acte de pouvoir. L'état a d'ailleurs prévu les cas d'archives individuelles afin de tenter une appropriation de pouvoir en légiférant sur ce qui est nommé par la loi les « archives privées » .

L'archivage est aussi pour lui un acte violent et oppose la conservation à la destruction. « Il n'y a pas d'archives sans destruction, on choisit, on ne peut pas tout garder. Là où on garderait tout, il n'y aurait pas d'archives. L'archive commence par la sélection, et cette sélection est une violence. Il n'y a pas d'archive sans violence. Cette violence n'est pas simplement politique au sens où elle attendrait qu'il y ait un État désignant des fonctionnaires qui ont compétence reconnue. Non, cette archivation a lieu déjà dans l'inconscient. Dans une seule personne, il y a ce que la mémoire, ce que l'économie de la mémoire garde ou ne garde pas, détruit ou ne détruit pas, refoule d'une manière ou d'une autre. Il y a donc constitution d'archives mnésiques là où il y a économie, sélection des

---

[50] *Ibid.*

traces, interprétation, remémoration, etc. Donc l'archive commence là où la trace s'organise, se sélectionne[51]. », c'est donc parce qu'on fait des efforts pour sélectionner, conserver ou détruire telles archives ou pour laisser disparaître telles traces et garder telles autres qu'il y a archive. Malgré tous les « progrès qu'on peut faire dans le stockage et la conservation des archives, nous savons qu'il appartient à toute archive de pouvoir être détruite. Il n'y a pas d'archives indestructibles, ça n'existe pas, ça ne peut pas exister. Et donc l'archivation est un travail fait pour organiser la survie relative, le plus longtemps possible, dans des conditions politiques ou juridiques données, de certaines traces choisies à dessein. Il y a toujours du dessein, il y a toujours de l'évaluation[52]. ». Bien que l'archivage soit à la fois conservation et sélection, on remarque que les capacités de mémorisation des ordinateurs incitent à vouloir tout conserver sans faire l'effort de sélection requis. Il suffit de consulter sur internet les sites de journaux ou les blogs pour se rendre compte qu'ils possèdent presque tous une rubrique « archives » qui n'est qu'une conservation chronologique des articles antérieurs à telle ou telle date. La

---

[51] *Ibid.*

[52] *Ibid.*

sélection n'est plus faite par un archiviste mais par l'utilisateur lui-même qui n'a pas d'autre possibilité que d'utiliser un moteur de recherche pour trouver ce qu'il recherche et de faire sa sélection parmi les résultats fournis.

III.3. Entre Collection et Archive : *Slippery Trace*

Slippery trace de George Legrady est à la limite entre collection et archive. Cette oeuvre construite comme une installation interactive a été présentée pour la première fois en 1995 pour ISEA 95 à Montréal et est disponible sur CD-ROM ainsi que sur le DVD-ROM édité par le ZKM et reprenant des œuvres présentées lors de Artintact 1, 2, 3, 4 et 5.

« *Slippery Traces* est un récit visuel multi-linéaire dans lequel les spectateurs naviguent à travers un réseau de plus de 240 cartes postales reliées ensembles et classées dans 24 catégories ou chapitres.   L'intention de ce travail a été d'explorer des structures de base de données en tant que moyens de produire des récits multi-linéaires à un moment où des moteurs de recherche d'enchaînement ont été présentés.   J'ai voulu produire un travail narratif dans lequel trois ensembles de messages culturels pourraient s'entrecroiser ou se dissoudre les uns dans les autres. D'abord, les archives consistent la plupart du temps en des cartes postales commerciales choisies parmi 2000 pour représenter la culture du 20ème siècle. Le deuxième niveau est composé de mon évaluation de ces images codées par des mots-clés et énumérées de manières croisées dans une base de données pour maximiser le mouvement entre les catégories. Troisièmement, la collection de ces images signifie d'une manière dispersée mon autobiographie. Parmi les images on peut trouver des portraits de famille des années 20 à 40 imprimés sur des cartes postales, des endroits où j'ai été, et des éléments culturels qui m'ont formé de diverses manières[53]. »

L'intention sous-jacente de la sélection de cartes postales opérée par George Legrady est de fournir un panorama à la fois culturel et idéologique du milieu du XX ème siècle. Le choix des photographies a été fait en fonction de l'intérêt de leurs contenus et de leurs structures. Ces images montrent des représentations conventionnelles et banales telles que des lieux touristiques, des publicités ou des scènes de familles. George Legrady a

---

[53]Traduction libre par mes soins du texte anglais de George Legrady présent sur son site Web http://www.georgelegrady.com/ rubrique « projets », voir aussi sur le DVD-Rom « the complete artintact » Vols.1-5 1994-1999, édition du ZKM, fichier english.pdf, « The postcard Trail », p.169-172.

classé ces photographies en 24 catégories afin d'opérer un classement permettant un développement multi-linéaire de la narration à travers l'interactivité liant chacune de ces 240 photographies. En exergue de son travail, une courte animation brouillant diverses écritures du dos des cartes postales est là comme pour nous rappeler qu'il s'agit bien de cartes postales et non de photographies anodines. Les cartes postales sont faites pour être vendues et donc doivent correspondre à la vision du monde qui leur est contemporaine. Elles portent en elles aussi les notions de voyages de parcours et de rêves supposés. Elles sont un média de masse qui diffuse une sorte de culture et comportent en elles des signes que George Legady veut mettre en évidence en nous faisant pointer des éléments présents dans les photos ou les dessins qu'elles présentent.

L'introduction de *Slippery trace* est aléatoire, on n'entre jamais dans l'œuvre par la même porte. Sur l'un des exergues proposés on peut lire : « la photographie est une mémoire, la trace d'un original, dans l'ère postmoderne, le passé est devenu une collection de photographies, de films ou d'images télévisuelles.[54] » Slippery Trace est cette archive cette « trainée » (Trail) subjective du

54Traduction libre de l'anglais de l'un des exergues du CD-Rom

20ème siècle. La mise en évidence d'éléments singuliers inclus dans les cartes postales est affirmée par le fait que les photographies sont présentées zoomées. On ne voit qu'une partie des cartes à moins de cliquer dessus, les cartes sont recadrées par le zoom. Ceci permet de naviguer dans l'image à la recherche de liens qui sont eux-même mis en évidence par l'apparition d'un cadre rouge délimitant une partie de la photographie, ciblant un lien dans lequel nous sommes invités à faire feu comme dans un jeu vidéo ou comme dans Blade Runner, film auquel George Legrady fait référence notamment lorsque Deckard, la figure principale du film fait usage d'un appareillage technologique pour pénétrer l'image photographique et la forcer à lui révéler la présence du visage d'une femme qu'il cherchait mais qui n'était pas visible dans l'image de départ. On réinvente des relations entre les images en ciblant des fragments de celles-ci et en se créant un parcours à travers les 2000 connexions croisées préétablies entre les cartes postales. Chaque carte postale possède approximativement cinq liens qui pointent vers d'autres cartes à travers les catégories définies par George Legrady ("Airplane Industry", "Americana", "Ancient Monuments", "Animals", "Auto Culture", "Caribbean World", "Colorful", "European Images", "Fire & Light", "Fishing Stories",

"Industry", "Military Images", "Morality Tales", "Native American", "Nature & Culture", "Orientalism", "Scenic Views", "Social Groups", "The Great War", "The Jump", "The Rocky Way", "Urban Places", and "Yugoslavian Front"). Le spectateur crée un récit en choisissant de cliquez sur tel ou tel élément d'une carte postale et de la lier ainsi à une autre. Les liens qui ont été créés par George Legrady l'ont étés de manière subjective et si parfois les relations entre une carte et la suivante peuvent-être clairement identifiées, ce n'est pas toujours le cas, les liens pouvant se faire aussi bien à l'intérieur d'une catégorie ou en sortir, si bien que le spectateur ne peut prévoir ou imaginer un système présidant aux relations entre les images, les mots-clés choisis par Legrady demeurant, selon son souhait, cachés. « Slippery traces évoque le montage cinématographique à travers le défilement linéaire des images choisies par le biais des zones cliquables, mais contrairement au modèle cinématographique, le potentiel narratif dans ce travail interactif réside dans le jeu (interplay) des choix du spectateur, du hasard, et de la structure de la base de données[55] ».

---

[55]Traduction libre de l'anglais d'un texte sur son site Web www.georgelegrady.com

III.4. L'archive

Il paraît nécessaire désormais de clarifier l'utilisation des termes archive au singulier et archives au pluriel. En français, si on consulte le dictionnaire, le mot archives est toujours employé au pluriel, le terme archive au singulier est en fait un empreint à l'anglais. Alors que les archives désignent à la fois les documents archivés et le lieu de stockage de ces archives, le terme pris au singulier renvoie à un système d'énonçabilité. C'est Foucault qui utilisa le terme au singulier dans l'archéologie du savoir[56] :

« l'archive, c'est d'abord la loi de ce qui peut-être dit, le système qui régit l'apparition des énoncés comme événements singuliers. Mais l'archive, c'est aussi ce qui fait que toutes ces choses dites ne s'amassent pas indéfiniment dans une multitude amorphe, ne s'inscrivent pas non plus dans une linéarité sans rupture, et ne disparaissent pas au seul hasard d'accidents externes....[57] » Derrida ou Arlette

---

[56]*Ibid*.

[57]Michel Foucault, *l'archéologie du savoir*, Gallimard,

85

Farges cités plus haut restent imprécis sur leur emploi du terme et oscillent entre Archive et archives sans véritablement assigner aux deux termes une distinction claire. Il est en effet parfois difficile de différencier les deux termes.

"The bomb project" est un travail sur internet de l'artiste américain Joy Garnett. Ce travail se situe à la croisée des chemins entre science, technologie, communication et guerre. The bomb project se présente comme une archive. Le travail de Joy Garnett consiste en une accumulation d'images de tests d'armes nucléaires. Ces images sont fascinantes car derrière un spectacle qui visuellement peut-être attirant au niveau des couleurs et des formes, on ressent l'effroyable capacité destructrice de ces machines de mort. Ces documents sont une présentation de la barbarie humaine. En exposant ces images, elles sont soumises à la critique et la réflexion de ceux qui les reçoivent. Au départ, nombreuses sont les images qui ont été prises lors de tests aux USA par des photographes ignorant les risques de la contamination radioactive, ces photos étaient des moyens de vérification de la puissance des dernières avancées en terme de destruction et permettaient aussi d'asseoir la puissance américaine face au bloc de l'Est.

Paris, 2002, p. 170.

Cette œuvre se justifie par le contexte politique international et plus précisément américain où juste quand nous pensions être à l'abri de la "Bombe", la rupture est-ouest s'est effritée et est apparu une autre sorte de guerre. La peur des missiles à tête nucléaire a été remplacée par la peur d'une petite et portable "dirty bomb", une attaque en ville par des armes bactériologiques.[58] Il semble que la stratégie de la dissuasion mutuelle soit la seule qui régisse les relations entre deux ennemis disposant des mêmes capacités de destruction (c'est encore vrai entre l'Inde et le Pakistan par exemple). Mais avec les activités grandissantes de l'industrie nucléaire et le renouveau d'intérêt pour les armes atomiques par le gouvernement américain telles que celles utilisant de l'uranium appauvri, il semble approprié de prendre en considération ces machines de malheur. En plaçant ces photographies dans une archive, Joy Garnett les libère de leur utilisation première et les recontextualise. L'archive donne alors la possibilité d'assigner de nouveaux sens aux images. En liant ces images à des sources officielles et à des sources officieuses, il casse sans cesse les contextes, en fournit d'autres puis les casse à nouveau. Dans une œuvre comme celle-ci la référence à la notion d'archives semble évidente, une accumulation

[58]Attaques à l'anthrax aux USA, 2001

de photos est présentée dès la page d'accueil du projet. Mais ce qui en fait une archive, ce n'est pas tant les nombreuses photographies affichées que les liens qui les relient les unes aux autres ou à d'autres sites apportant des couches supplémentaires de sens à ces images.

Pour Foucault l'archive n'est pas une accumulation de documents, « Par ce terme, je n'entends pas la somme de tous les textes qu'une culture a gardés par-devers elle comme documents de son propre passé, ou comme témoignage de son identité maintenue ; je n'entends pas non plus les institutions qui, dans une société donnée, permettent d'enregistrer et de conserver les discours dont on veut garder la mémoire et maintenir la libre disposition [59]», il utilise le terme archive au singulier pour désigner « ce qui, à la racine même de l'énoncé-événement, et dans le corps où il se donne, définit d'entrée de jeu le système de son énonçabilité[60]. ».

Bien que très liée aux archives, l'archive s'en distingue comme étant un système, l'archive définit le « mode d'actualité de l'énoncé-chose[61]. »

Mais qu'est-ce que l'énoncé ? Est-ce une

---

[59]*Ibid.*, p.171.

[60]*Ibid.*, p.170.

phrase ? Une phrase est bien un énoncé, mais l'inverse n'est pas forcément vrai. D'autre part deux phrases identiques peuvent être deux énoncés distincts. Un ensemble de signes peut être un énoncé mais un énoncé n'est pas un simple ensemble de signes. L'énoncé est lié à un référentiel qui forme le « lieu, la condition, le champs d'émergence, l'instance de différenciation des individus ou des objets, des états de choses et des relations qui sont mises en jeu par l'énoncé lui-même. [62]». L'énoncé est lié à un sujet qui n'est identique au sujet de sa formulation, mais lui est extérieur et peut varier, il est dépendant des relations qu'il entretient avec d'autres énoncés qui lui sont en marge. Il se apparaît dans son mode d'actualité par le jeu des relations entre plusieurs énoncés. Et c'est l'archive qui définit ce mode d'actualité.

L'archive est donc ce système régissant les mode d'apparition des énoncés en plaçant des corrélatifs entre les énoncés. De plus l'identité d'un énoncé diffère dans le temps de son énonciation et est dépendante des énoncés qui l'entourent, une proposition donnée n'est pas le même énoncé suivant qu'elle est formulée dans un temps donnée ou un autre. En cela l'énoncé est événement, « alors qu'une

---

[61]*Ibid.*, p.171.

[62]*Ibid.*, p.121.

énonciation peut être recommencée ou ré-évoquée, alors qu'une forme (linguistique ou logique) peut-être réactualisée, l'énoncé, lui a en propre de pouvoir être répété : mais toujours dans des conditions strictes. [63]»

L'archive n'est donc pas ce qui conserve et sauvegarde des énoncés, ni même ce qui permettrait de faire réapparaître des énoncés disparus, elle est ce qui fait apparaître les règles d'une pratique qui permet aux énoncés à la fois de persister et de se transformer régulièrement. L'archive « est le système général de la formation et de la transformation des énoncés. [64]»

---

[63]*Ibid.*, p. 138.

[64]*Ibid.*, p. 171.

Conclusion

Nous avons vu que la collection relève de la collecte et induit un mouvement de l'ordre du déplacement. D'autre part les archives intègrent les notions de conservation, de sélection et de destruction. Les archives sont aussi « ce qui préside à ». Elles sont les indispensables traces et fragments sur lesquels s'appuyer, elles sont ce qui commande. Il apparaît que les deux notions de collection et d'archives, bien que très liées l'une à l'autre, procèdent d'une démarche distincte. L'archive, quant à elle, bien qu'intimement liée aux archives, est encore différente. L'archive est comme l'a écrit Foucault, « le système d'apparition des énoncées ». Elle n'est donc pas l'ensemble des documents qui constituent les archives mais plutôt un système, elle aussi est « ce qui préside à » puisqu'elle commande l'organisation des archives. « Il n'y a pas d'archives sans cette organisation quasi étatique, en tout cas légitime et politique, du matériau ainsi informé, c'est-à-dire auquel on donne forme justement par l'interprétation et la classification, la hiérarchisation, la sélection. » a dit Derrida dans un discours prononcé à l'INA. C'est cette organisation, cette mise en forme qui est du domaine de l'archive. Or cette mise en forme est effectuée par la création de relations.

Quand l'Atlas Group présente ses archives réelles ou fictives, Walid Raad fait une conférence ou présentation de ces archives, il les met en forme par le discours, il établit des relations entre les divers documents qu'il montre ou décrit et c'est par ce discours sur ces documents qu'émerge l'archive. L'archive serait donc un système relationnel.

Dans son livre la relation comme forme[65], Jean-Louis Boissier rappelle que « la relation est d'abord ce qui relate et ensuite ce qui relie[66] », l'archive possède en elle le récit, les archives policières analysées par Arlette Farge relatent des vies qui ont eu affaire avec la loi. Les différents documents enregistrés par l'installation de George Legrady, *des souvenirs pleins les poches*, racontent les visiteurs qui ont participé à son œuvre. Dans *Immemory*, l'archive autobiographique qui nous est présentée raconte son auteur. Chris Marker établit des liens entre divers documents photographiques et textuels qui tracent un

---

[65]Jean-Louis Boissier, la relation comme forme, Ed. MAMCO, Genève, 2004.

[66]Jean-Louis Boissier, la relation comme forme, MAMCO, Genève, 2004.

autoportrait en filigrane, d'une image à une autre, des relations établies entre les images on parcourt sa mémoire.

Si l'archive n'est pas un ensemble de documents mais le système relationnel qui préside à l'organisation, la classification et la présentation de ces documents, on peut considérer que l'archive est dans le cas d'œuvre sur ordinateur le programme qui met en forme les archives. L'archive n'aurait dans ce cas rien à voir avec une certaine quantité de documents mais plus avec l'ordre et les relations entre plusieurs documents. Ainsi une interface telle que *Starry Night* est une archive non pas à cause du nombre de documents que l'œuvre ordonne mais par le simple fait qu'elle ordonne ces documents, établies des relations entre eux et permet leur affichage à l'écran. De même les animations interactives réalisées par Atsuko Uda ou Jean-Louis Boissier peuvent être considérées comme une certaine forme d'archive.

Ces animations possèdent en elles en plus du programme qui met les images en relations les unes avec les autres, une relation directe avec le spectateur qui manipule ces images.

Stockées dans une base de données[67], l'apparition des images interagit avec le spectateur qui est amenées à les manipuler, à jouer avec. Le programme qui les régit correspond à un « système d'apparition des énoncés ». Ces animations interagissant avec le spectateur-utilisateur, chaque animation prise indépendamment est une archive interactive pouvant elle-même faire partie d'un système plus vaste, ainsi se créent des couches d'archive(s) interactives appelant d'autres archive(s).

---

[67]Ce que l'on nomme « distribution » ou « cast » dans le logiciel Director n'est rien d'autre qu'une base de données orientée objets dans laquelle le programme en Lingo puise afin d'afficher l'animation sur l'écran et d'interagir avec ses différents objets, que ces objets soient du texte, de la vidéo, des images ou du son ou d'autres programmes.

Bibliographie

Sites, CD-Rom,DVD

- The File Room
www.thefileroom.org
- Fondation Langlois
www.fondation-langlois.org
- Fred Forest
www.fredforest.org
- George Legrady
www.georgelegrady.com
- Artifice 3
www.ciren.org/artifice/artifices_3/boissier03.html
- The bomb project
www.firstpulseprojects.net/bombproject/Index.html
- Rhizome et the ArtBase
www.rhizome.org
- Atsuko Uda
www.canon.co.jp/cdcc/award2001/web/gp/index.html
www.iamas.ac.jp/~makura/

- Jacques Derrida : Trace et archive, image et art – 25/06/2002 conférence à l'INA

www.ina.fr/inatheque/activites/college/pdf/2002/college_25_06_2002.pdf

- Lev Manovitch (on retrouvera sur son site plusieurs textes critiques sur l'art numérique, les réseaux et le cinéma interactif - en anglais -)

www.manovitch.net

- The complete artintact, Cd-Rom magazine (DVD version) vols 1-5, 1994-1999, Karlsruhe, ZKM.

Livres

- Roland Barthes, *Roland Barthes par Roland Barthes,* Ed. Le Seuil, Paris, 1975/1995.
- Henri Bergson, *Matière et mémoire*, PUF (6ème édition), Paris, 1999.
- Jean-Louis Boissier, *La relation comme forme. L'interactivité en art*, MAMCO, Genève, 2004.
- Gilles Deleuze, *Foucault,* Edition de Minuit, Paris, 1986.

- Derrida, *mal d'archive*, Galilée, Paris, 1995.
- Arlette Farge, *le goût de l'archive*, Seuil, Paris, 1989/1997.
- Fred Forest, *Pour un art actuel*, Paris, L'Harmattan, 1999.
- Michel Foucault, *L'archéologie du savoir*, Gallimard, Paris, 1969/2002.
- Nathalie Léger, « *immensément et en détail* », in R/B Roland Barthes, Paris, Ed. Seuil/Centre Pompidou, 2002.
- Marshall Mc Luhan, *Pour comprendre les média,* Paris/Tours, Ed. Mame/Seuil, trad. Jean Paré, 1968.

Périodiques, revues.

- *Du catalogue,* les cahiers du MNAM, édition du Centre Pompidou, n°56/57, Paris, été-automne 96.
- *Le catalogue*, Beaux-arts magazine Hors-série

Textes anglais

- George Legrady, *Intersecting the Virtual and the Real: Space in Interactive Media Installations.* T. Murray, (ed.), Digitality and the Memory of Cinema, Wide Angle, Vol 21, No.1, Ohio University School of Film, 2001, pp. 104-113
- George Legrady, *Modular Structure and Image/Text Sequences: Comics and Interactive Media.* A. Magnussen and H-C Christiansen, (eds.), Comics Culture: Analytical and Theoretical Approaches to Comics. Tusculanum Press, Copenhagen 2000, pp. 79-90
- Legrady, George, *Slippery Traces: The Postcard Trail.* A.Sommer (ed.) Artintact 3, ZKM, Center for Art and Media, Karlsruhe, 1996, pp. 101-104
- George Legrady, *the Equivalents II.* H. von Amelunxen (ed.), B+B Arts International, Amsterdam, 1996, pp. 216-221

Catalogues

- *Documenta11,* catalogue d'exposition, Kassel
- *Voilà*, catalogue d'exposition,MNAM
- *Playlist,* catalogue d'exposition, Palais de Tokyo-Site de Création Contemporaine/ Édition Cercle d'Art, Paris, 2004.

Philippe Monfouga © août 2013
(texte initialement écrit en 2005)

www.ingramcontent.com/pod-product-compliance
Lightning Source LLC
Chambersburg PA
CBHW051339170526
45166CB00002B/878